AF243007

MON PROGRAMME

PAR

UN ÉLECTEUR NANTAIS

DÉMOCRATE

Anti-Communiste, anti-Socialiste, anti-Autoritaire

Δημος.

Prix : 25 centimes

NANTES

CHEZ LES PRINCIPAUX LIBRAIRES

—

Mai 1869

Le temps est aux programmes.

Les candidats en proposent.

Les comités et les journaux en imposent.

Au milieu des langages qui se croisent dans la Babel électorale, ce n'est pas précisément, si je ne me trompe, le langage du bon sens qui domine.

Je ne suis ni candidat, ni membre d'un comité électoral, ni rédacteur d'un journal quelconque ; mais j'ai, en ma qualité de simple électeur, mon petit programme tout comme un autre, et l'idée m'est venue de le publier.

Si tous les électeurs qui se donnent la peine de penser par eux-mêmes et tiennent vaille que vaille une plume en faisaient autant, les choses n'en iraient peut-être pas plus mal.

I.

L'abbé Sièyes disait en 1788 :

— Qu'est-ce que le Tiers-État? — Rien.
— Que doit-il être ? — Tout.

Aujourd'hui, il faut étendre cette formule, opposée à la noblesse et au clergé d'alors, et dire :

— Qu'est-ce que le peuple? — Rien.
— Que doit-il être? — Tout.

J'entends, par le peuple, l'ensemble des citoyens : *populus, non plebs.*

Il est nécessaire, en effet, que les citoyens prennent le rôle de mandants vis-à-vis des pouvoirs publics, qui ne sont que des mandataires, et que les règles du mandat civil deviennent applicables au mandat politique.

Le suffrage est, pour les citoyens, le moyen de transférer leur mandat.

Le suffrage doit donc être universel.

Pour que le mandat politique soit volontaire de la part du mandant, et parfaitement débattu entre les mandants et les mandataires, il faut que le suffrage soit libre

Cette condition est d'autant plus impérieuse, en matière de mandat politique, que les mandants stipulent non-seulement pour chacun d'eux, mais pour la masse de leurs concitoyens.

On **peut** dire que les mandants ou les électeurs sont eux-mêmes les mandataires de la nation entière ou des droits antérieurs et supérieurs aux lois positives qui résident dans la nation.

Le suffrage universel n'est pas libre là où n'existent pas pour tout le monde :

La plus entière liberté de la presse ;
Le droit de réunion ;
Le droit d'association.

Car ces droits et cette liberté existent partout pour ceux qui veulent bien se ranger du côté de la majorité qui domine et gouverne.

Toute la question consiste à pouvoir discuter, modifier ou changer les idées de cette majorité, au profit des idées de la minorité, si c'est la minorité qui a raison.

Car qui possède la prépondérance ne s'attache que trop à la garder, en tirant après lui l'échelle qui lui a servi à l'atteindre.

II.

L'homme est doué de *facultés* et chargé de *besoins*.

Tout besoin appelle sa *satisfaction*.

L'homme ne peut atteindre la satisfaction d'un besoin que par un *effort*.

Les efforts de l'homme sont dirigés et produits par ses facultés.

Facultés, besoins, efforts, satisfactions, voilà les quatre termes de l'existence humaine, qui n'est libre, heureuse et ne progresse qu'aux conditions suivantes :

1° Que les facultés de l'homme soient libres et exercées, pour que ses efforts soient libres et de plus en plus intelligents ;

2° Que les satisfactions aboutissent à ceux qui font les efforts, et qu'elles deviennent de plus en plus grandes pour des efforts de plus en plus réduits.

La *liberté* est donc la libre expansion, pour chacun, de ses facultés et de ses efforts.

La *propriété* est donc la libre disposition, pour chacun, du résultat de ses facultés et de ses efforts.

Liberté et *propriété* ont ainsi une source commune et constituent l'*individualité*, qui, depuis l'origine du monde, n'a cessé de lutter pour se conquérir elle-même.

Partout où la liberté n'est pas complète, où la propriété est totalement ou partiellement méconnue, il y a, ou plus ou moins, spoliation de l'homme par l'homme.

L'homme n'est plus guère, dans son entier, *facultés* et *efforts,* spolié par un autre homme; mais, si je voulais m'arrêter aux détails, il ne me serait pas difficile de montrer combien l'homme est toujours victime de spoliations partielles dans ses facultés ou dans l'emploi personnel du résultat de ses efforts, c'est-à-dire dans sa liberté et dans sa propriété.

III.

L'égalité n'est pas un principe : c'est une très-simple conséquence.

Les hommes ne seront jamais égaux entre eux.

Mais leurs libertés peuvent être égales entre elles.

Quand tous les citoyens jouiront de leurs facultés et disposeront sans conteste des résultats de leurs efforts, ils seront aussi égaux que possible.

L'égalité n'est donc que la limite, la borne sociale de la liberté.

C'est elle qui a fait définir la liberté : « le droit de faire tout ce qui ne nuit pas à autrui. »

J'entends me séparer, par cette distinction sommaire, des sectes communistes et socialistes et des principes autoritaires de prétendus démocrates.

IV.

Les sociétés politiques ne diffèrent pas, en droit, des sociétés privées.

En fait, ce qui les distingue encore, c'est que, pour les sociétés privées, un contrat précède d'habitude leur établissement, tandis que, pour les sociétés politiques, leur établissement a toujours et partout précédé un contrat ou une constitution.

Tous les peuples intelligents et conscients de leurs droits veulent aujourd'hui avoir des contrats, des constitutions.

La question n'est plus que de les bien faire ; mais elle est encore terriblement débattue.

Je crois que les peuples finiront par atteindre leur but. Il leur suffira de baser tout contrat social sur la liberté et sur la propriété, qui les conduiront sans secousse et en ligne droite à l'égalité.

Car les hommes, en tant que citoyens, qu'associés politiques, ne mettent en commun que des droits et ne poursuivent, malgré leur ignorance de leurs propres intérêts et malgré les obstacles ou les embûches qu'ils rencontrent sur leur chemin, que la sécurité et, par la sécurité, que la complète jouissance de leurs droits.

V.

Je possède un livre imprimé à Amsterdam en 1787, et qui traite surtout des droits de l'homme, dont la revendication était alors la grande affaire.

Un lecteur du temps a écrit sur une de ses marges : « Moraliste philosophe, pourquoi ne parles-tu pas plutôt à l'homme de ses devoirs ? »

Ce lecteur s'ignorait lui-même et beaucoup encore, de notre temps, s'ignorent comme lui.

Les devoirs, dans l'ordre social, dérivent exclusivement des droits mis en société par les hommes. Les droits, en s'associant, font apparaître les devoirs.

« Le devoir et le droit sont frères : leur mère commune est la liberté. » (Cousin.)

Il aurait pu ajouter : « Leur fille commune est l'égalité. »

Le devoir *social* consiste à respecter volontairement le droit, pour éviter l'entremise accidentelle de la justice ou l'arbitrage permanent d'un pouvoir fort qui, au lieu de mettre d'accord les dissidents, supprime d'ordinaire la cause du litige, c'est-à-dire la liberté.

Mais les hommes n'ont pas été poussés à s'associer par la seule préoccupation de placer leurs facultés, leurs efforts et les résultats de leurs efforts, soit leurs libertés et leurs propriétés, leurs droits, en un seul mot, sous la protection d'une organisation et d'une justice sociales : la nature les avait doués de cœurs sympathiques qui les ont entraîné instinctivement les uns vers les autres, et qui peuvent encore les pousser aujourd'hui à sacrifier leurs intérêts aux intérêts de leurs semblables, à se dévouer pour eux jusqu'à la mort.

La sympathie de l'homme pour l'homme a été constatée par Proudhon, qui a démoli plus d'erreurs qu'il n'en a mis au jour, dans une phrase énergique, qui porte justement avec elle la réserve du droit en face de la reconnaissance du devoir.

« L'homme, dit-il, peut aimer son semblable jusqu'à mourir pour lui ; il ne l'aime pas jusqu'à travailler pour lui. »

Le devoir qui respecte le droit des autres, par justice, est, en effet, essentiellement différent du devoir qui se sacrifie à l'intérêt des autres par dévouement, ou, pour faire intervenir ici le troisième terme de la formule dont j'ai déjà employé les deux premiers, par *fraternité*.

J'ai appelé l'un *devoir social ;* j'appelle l'autre *devoir humain*.

Le premier est la conséquence d'un droit : il est *obligatoire*.

Le second n'est pas la conséquence d'un droit : il est *facultatif*.

Personne n'a droit, malgré tous les entassements de sophismes qu'on puisse faire, à l'assistance, au travail, à l'instruction.

Si ces droits existaient, ils pourraient être revendiqués avec énergie. Le mendiant de Gil-Blas, qui implorait la charité avec une escopette, serait bien près d'être alors le type du pauvre intelligent et courageux.

Pour bien distinguer ces prétendus droits de ceux que la loi concerne et que la justice protége, qu'on s'imagine un homme manquant de pain, de travail ou d'instruction, et assignant le premier venu pour le forcer judiciairement à lui fournir du pain, du travail ou de l'instruction!

La justice pourrait le plaindre, mais refuserait de l'écouter.

Est-ce qu'une communauté peut devoir ce qu'aucun de ses membres ne doit?

Ce même homme, après avoir échoué dans sa demande contre le premier venu, ne saurait donc triompher en s'adressant à l'Etat et en le priant de rendre la charité ou la fraternité, comme on voudra, obligatoire, sous la forme d'impôt perçu et de budget de l'assistance.

C'est que, contraires à la liberté, les prétendus droits à l'assistance, au travail, à l'instruction, sont contraires aussi à la propriété, qui n'est qu'un des modes de la liberté.

On a beau les proclamer au nom du droit de vivre, ils ne cessent pas d'être un non-sens.

Le droit de vivre est le premier de tous, sans contredit, mais c'est le droit, pour chacun, de vivre du produit de ses efforts. Le droit de vivre, malgré eux, du produit des efforts des autres, pourrait devenir tout simplement le droit de mort sur autrui.

Est-ce à dire que si le droit à l'assistance, au travail, à l'instruction ne sauraient exister devant la loi, ils n'existent pas devant le cœur de l'homme? — Eh! si, et je l'ai déjà reconnu.

Mais, pour donner satisfaction aux malheureux de ce ce monde, il n'y a pas besoin de faire appel à la loi, à l'Etat, au budget: il suffit de laisser les hommes libres de se réunir et de s'associer, et ils sauront bientôt largement secourir, par des associations fraternelles, ceux de leurs semblables qui manquent de pain, de travail et d'instruction. Les plus dénués arriveront même à se secourir entre eux.

Le plus riche budget sera toujours celui qu'on laissera dans la bourse des citoyens et dont on les chargera de disposer eux-mêmes.

« La France est, par excellence, la terre de la bienfaisance et de la charité. » (ED. LABOULAYE.)

Les esprits logiques se montreront avant peu les adversaires résolus de l'hôpital administratif, de l'atelier national et de l'école gratuite par l'Etat ou par la commune.

L'instruction, à ne parler que d'elle, — puisque le droit au travail paraît avoir fait son temps, et que le droit à l'assistance n'est que trop organisé, — ne peut donc devenir gratuite que par l'initiative des citoyens librement associés pour accomplir cette œuvre fraternelle.

L'instruction gratuite par l'Etat ou par la commune, contraire déjà à la liberté, à la propriété, serait contraire encore à la fraternité, qu'elle détruirait, en l'empêchant de s'exercer.

• C'est que la fraternité ne se délègue pas ; c'est qu'elle n'est pas besogne de gouvernement : elle est et doit rester, sous peine de périr, besogne d'homme et non pas même besogne de citoyen. Le malheur n'a ni commune, ni département, ni patrie : il ne peut se réclamer que de l'humanité.

Ceux qui prétendent charger l'État d'organiser, à tous les degrés, l'assistance publique, ne réfléchissent pas assez qu'ils s'exposent, en se désintéressant de leurs devoirs, à se désintéresser aussi de leurs droits, et à voir bientôt leurs gouvernants, habiles à profiter de leurs défaillances, s'emparer des uns et des autres.

Les Romains s'étaient laissé asservir, en demandant à leurs Césars du pain et des jeux pour eux-mêmes : nous finirions par nous faire asservir, rien qu'en demandant à l'État du pain, du travail et de l'instruction pour les autres.

A quoi bon revendiquer le droit de réunion et le droit d'association, si ce n'est pour défendre nos droits et pour pratiquer nous-mêmes nos devoirs?

Au lieu de réclamer de l'État l'instruction gratuite, nous devrions, s'il prétendait s'en charger, repousser ce présent funeste.

VI.

Les gouvernements ont toujours trop d'attributions et trop de moyens d'étendre celles qu'ils se donnent ou qu'on leur confère.

Les mandats limités et surtout parfaitement délimités, au point de vue politique comme au point de vue civil, sont les meilleurs.

Plus les gouvernements ont d'attributions, moins les citoyens ont de libertés. Plus les gouvernements ont d'attributions, plus, d'ailleurs, les citoyens doivent payer d'impôts.

Les budgets sont ainsi en raison directe, et les libertés en raison inverse des attributions d'un gouvernement quelconque.

Augmenter d'un côté les attributions de l'État, et, de l'autre, viser à réduire les impôts, sont deux pures folies.

Aussi, le mieux que puissent dire les partisans de l'instruction gratuite, c'est qu'ils feraient écouler le budget de la guerre dans le budget de l'instruction publique.

Une réduction effective des impôts ne peut être que la

conséquence d'une ample réduction ou d'une intelligente modification des attributions de l'État.

Je voudrais donc entendre discuter sérieusement :

La suppression des armées permanentes qui rendent la guerre perpétuellement suspendue sur les nations européennes : « pas d'armées, pas de guerre ! » a crié, l'autre soir, le sens commun, par la bouche d'un électeur anonyme ;

La séparation des Églises et de l'État, dont l'alliance est incompatible avec la liberté de croire, qui n'est qu'un des modes de la liberté de penser, et aussi contraire à l'indépendance de l'État qu'à l'indépendance des Églises ;

La cessation de l'instruction par l'État, qui rend illusoire la liberté d'enseignement et maintient en corporations toutes les professions dites libérales, en même temps qu'elle pousse à lui confier au moins l'instruction gratuite des enfants pauvres : si l'État n'enseignait pas, personne n'aurait songé à lui imposer la gratuité de l'instruction ;

L'abandon de la prétendue protection accordée par l'État aux beaux-arts, à l'agriculture et au commerce ;

Je désirerais aussi qu'on se préoccupât un peu plus des questions qui se rattachent :

A la suppression d'une grande partie de notre matériel naval ;

A la création d'un Code international et de tribunaux pour l'appliquer ;

Au moyen de confier tous les travaux publics à l'industrie privée, et de laisser même à l'industrie privée l'entreprise volontaire de beaucoup de travaux publics ;

A la nature , à la perception et à la distribution des impôts ;

A la décentralisation administrative, qui ne consiste pas uniquement à diminuer le nombre des formalités et des paperasses ;

A une nouvelle organisation de la justice, dans laquelle, en attendant peut-être une réforme plus radicale, on ferait plus largement appel à l'intervention du jury.

L'initiative appartient aux citoyens. Qu'ils en réclament et sachent en conserver la plus grande part; qu'ils ne perdent jamais de vue celle qu'ils en délèguent, et ils arriveront à sauvegarder à la fois leurs libertés et leurs propriétés.

C'est à cela que doivent aboutir , en définitive , toutes les réformes et toutes les économies tentées dans l'ordre politique.

VII.

Nos pères distinguaient trois sortes de pouvoirs, qu'ils nommaient :

Le pouvoir législatif ;
Le pouvoir exécutif ;
Le pouvoir judiciaire.

Ils pensaient qu'il fallait séparer assez ces pouvoirs pour garantir leur indépendance, et, cependant, les associer dans une action commune, pour qu'ils pussent, par leur accord, produire deux choses qui paraissent aujourd'hui contradictoires : la liberté et la sécurité.

Ils ont posé le problème ; s'il est difficile à résoudre, c'est une raison de plus pour que chacun s'en occupe avec ardeur.

La science politique n'a pu seule en venir à bout. Je crois qu'elle devra, pour achever la besogne commencée par elle, emprunter l'aide d'une science qui s'affirme chaque jour davantage, et qui me paraît appelée à donner la clef de toutes les questions qui divisent si fâcheusement le parti libéral et le parti démocratique.

Je veux parler de l'économie politique.

Le parti libéral se renferme un peu trop dans l'étude de

la politique pure, pendant que le parti démocratique se confine dans l'étude d'une fausse économie sociale, née d'un mélange incohérent de la politique et de l'économie politique.

Il en résulte une insuffisance réciproque de connaissances et un antagonisme d'opinions qui nuisent également à la liberté.

VIII

Montesquieu divise les gouvernements en trois espèces :

> Le républicain ;
> Le monarchique ;
> Le despotique.

Et il suppose trois définitions, ou plutôt trois faits, comme il le dit lui-même :

« Que le gouvernement républicain est celui où le peuple en corps, ou seulement une partie du peuple, a la souveraine puissance ;

» Le monarchique, celui où un seul gouverne par des lois fixes et établies ;

» Au lieu que, dans le despotique, un seul, sans loi et sans règle, entraîne tout par sa volonté et par ses caprices. »

Les Grecs, nos maîtres en fait d'idées et de mots, avaient divisé aussi les gouvernements en trois espèces, mais plus simplement et plus logiquement.

Ils les appelaient :

> Le gouvernement d'un seul ;
> Le gouvernement de plusieurs ;
> Le gouvernement de tous.

Ou, pour employer leurs propres termes :

Monarchie ou autocratie ;
Oligarchie ou aristocratie ;
Démocratie (1).

La démocratie était pour eux et devrait être pour nous le gouvernement du peuple par lui-même. Le parti libéral n'aurait jamais dû oublier, et ferait bien de se rappeler plus que jamais aujourd'hui, qu'il était, avant tout, démocratique, quand il proclamait, en 1830, la maxime :

« Le roi règne et ne gouverne pas. »

Le gouvernement de Juillet est tombé pour l'avoir transgressée.

Roi irresponsable et ministère responsable, prince et menins du prince, tout cela ne faisait plus qu'un au moment de la révolution de 1848.

Pourquoi donc ?

Parce qu'il avait suffi au ministère responsable de cette époque, pour devenir, jusqu'à la revanche d'une révolution, aussi irresponsable que le roi, de conquérir, ou plutôt d'acquérir une majorité.

Le dernier mot de la question relative à la responsabi-

---

(1) Le mot correspondant, chez les Grecs, à démocratie, était *anarchie*, qui avait le même sens, avec des étymologies différentes. Mais les Tyrans grecs, ayant déshonoré ce malheureux mot, si innocent, grammaticalement parlant, je n'ai pas cru devoir l'employer, de crainte de lui valoir, après Proudhon, de nouveaux anathèmes.

lité du gouvernement n'a donc pas été dit par la forme parlementaire.

Le présent le cherche et l'avenir le trouvera, il faut l'espérer.

En attendant, on peut poser le problème. Il est tout entier dans le mot *démocratie* et dans l'idée-mère qui découle de ce mot :

« Les peuples règnent et se gouvernent. »

1397 — Imp. nantaise Étiembre et Plédran, quai Cassard, 5.